MEMORIA DE LOS HOMBRES ISLA

COLECCIÓN JILGUEROS

Erik González Martínez

MEMORIA
DE LOS HOMBRES ISLA

Nueva York Poetry Press®

PÁSERIOS
Ediciones

D. R. © Erik González Martínez
Memoria de los hombres isla

ISBN-13: 978-1-950474-43-1

Contraportada:
Odeth Osorio

Colección Jilgueros
Poesía

Concepto de colección:
Francisco Trejo, Odeth Osorio y Marisa Russo

Artes gráficas:
Dilan González

Diseño de portada:
Mónica Canto

Diseño de interiores:
Moctezuma Rodríguez

PÁSERIOS
Ediciones

D. R. © PASERIOS EDICIONES S.A.S. DE C.V.
Luz Saviñón 1031,
col. Narvarte, alc. Benito Juárez,
c. p. 03020, Cidad de México
paserios.ediciones@gmail.com
Primera edición, 2020

En la isla llamada Algún Día Llegarás

Ningún hombre es una isla entera por sí mismo

JOHN DONNE

Quiero hacer memoria y relación de lo que hicieron los navíos y la gente que en ellos quedó, de lo cual no he dicho memoria en lo dicho atrás, porque nunca tuvimos noticia de ellos hasta después de salidos

ÁLVAR NÚÑEZ CABEZA DE VACA

Los hombres isla no tienen lugar en el mapa,
los hombres isla son huellas de un mapa.

Hay dos clases de mapa:
los que inventan la historia del hombre,
los que borran la historia del hombre.

Dibujar los caminos que un hombre recorrió es inventar un mapa.
En tal caso, ese mapa nada dice del hombre sino de las tierras
(yermas o fecundas, transitables o intransitables) que habitó.

Dibujar los lugares donde los hombres fueron borrados
es dibujar el mapa que borra la historia de los hombres.
En tal caso, ese mapa nada dice de los hombres borrados,
sino de los hombres que los borraron para (re)inventar su propio
    mapa.

En la isla llamada Algún Día Llegarás

los hombres isla —se dice— deben hacerse de un
     nombre propio.

Los que no llegan, no se acercan o huyen
o son expulsados de la isla llamada Algún Día Llegarás
son los hombres sin nombre.

Los hombres isla que carecen de nombre
son islas invisibles que flotan sin dirección alguna
entre las otras islas del mar.

Se dice también que Algún Día Llegarás
es una isla infinitamente fértil y bondadosa,
pero en realidad no existe: es una invención
de otros hombres isla, que cuidan sus propias costas
con sirenas y otros monstruos de mar también inventados.

Son un mar de islas que se hunden si se aproximan
     demasiado.

Un mar en botellas

Es cierto, como un Robinson
Cualquiera llegaste a tu isla,
construiste tu choza y buscaste alimentos.

Con el tiempo,
fabricaste tus ropas y hasta un sombrero.

Es probable que en el ocio y la desesperación
hayas escrito miles de cartas,
que tiraste al mar en botellas,
o tal vez al fuego de tus noches sin nadie.

Seguramente derribaste árboles y palmeras
para construir una balsa,
una tan fuerte y ágil
que te llevase a otras islas,
o a un camino de regreso.

Es posible que hayas naufragado de nuevo.
Es posible que te hayas cansado
de no encontrar ni un rastro de los tuyos.

¿Recuerdas sus rostros de la última vez que los viste?

Y así, después de intentarlo todo,
es posible que hayas domesticado un pájaro,
para hablar con él por las noches,
o imitar sus graznidos por la mañana.

Y cuando llegue el día en que las mareas
devuelvan este pedazo de papel a las orillas de tus pies
¿será posible que reconozcas cada una de sus letras?
Pues quizá el agua haya corrido la tinta en todas las hojas.

Entonces tu memoria —también desleída—
confundirá tus palabras con las de un extraño.

Los náufragos sueñan mucho, a todas horas, dormidos o despiertos; a veces sin darse cuenta. Sueñan con la casa, con el hogar, pero no con aquel del que partieron, tampoco con aquel que desearon fundar, sino —quizá más cruel— con una mezcla de ambos.

Lo olvidado / lo seco / los agrietado del barro / los restos de tu embarcación / las huellas de tus últimos días en la ciudad / ruinas que cargas a todas partes contigo / muebles rotos / espejos destruidos / postales de una forma de habitar / devueltos por tu marmemoria / una y otra vez / siempre los mismos /siempre más lisos / más salados / más carcomidos / marcos de una puerta que cruzaste para no volver nunca más a entrar por ella.

Esta es la forma en que vuelves / atas un lazo / una especie de puente / con otras islas que llevan su propia dirección sin saberla / como tú mismo / a la deriva / entre lo que es y lo que ha sido / entre lo que no pudo ser y lo que se ha ido.

Como si tejieras sus voces;
los puntos, las líneas,
están aquí todo el tiempo,
en esta tela vieja que utilizas
para darles un rostro.

Las líneas rectas,
las curvas, los círculos,
las espirales,
unos a otros
formando un orden distinto
—el tuyo siempre—.

Porque todos están en tu pulso,
en este cuerpo y estas agujas
de hueso que has improvisado.

Oyes sus voces dentro de tu cabeza
que te dicen dónde debes pasar el hilo,
oyes sus cuerpos alargarse
como espigas sopladas por tu aliento,
siguiendo los ritmos de tu respiración
que es la suya también.

Te dicen
qué figuras debes formar,
te dicen
qué líneas debes remarcar.

Trabajas bajo la sombra
de un arbusto grueso,

a veces te quedas dormido,
y sueñas que estás bordando monstruos,
peces ancestrales de enormes dientes
—celacantos—.

Pero no te asustas,
porque sabes que no son pesadillas.
Es una manera de hablar de otro modo,
en un tono más alto,
con un timbre más agudo,
como el ruido de ciertas aves
cuando en el monte comienza a anochecer.

Sabes que este trabajo no tiene principio ni final,
no tiene incluso razón de ser.
Es una forma de evadir la cuenta de los días,
de suspender el tiempo.
Porque tejer es una forma
de juntar a los vivos y a los muertos.

Aprendiste a bordar
qué clase de líneas,
de colores y figuras.

Tus manos están aquí,
siempre dispuestas
como para despedirse.

¿De quién?

quizá de la familia, amantes y amigos,

que te enseñaron la primera técnica
para decir: estoy aquí, persisto.

Entonces comprendes que
la única despedida
es la del hilo que anudas y cortas.

Ya deja de ser tuyo
y de las horas muertas.

El apóstata

Los abuelos muertos
son personajes de ficción,
los hay borrachos, violentos, mujeriegos
—clásicos del cine mexicano—
amables, sabios, comprensivos,
 o hundidos en el silencio de la miseria.

A ti, Manuel, quizá por su conciencia pecadora,
tus hijos te construyeron como un santo.
Yo, como buen nieto, debería honrarte,
y hacer con estas palabras tu hagiografía,
pero por desgracia ese estilo nunca pude dominarlo.

Hombre de campo, trabajaste muy duro desde pequeño.
Ya adulto, te casaste, tuviste 9 hijos. Dos murieron niños.
Ahorraste todo lo posible para dar herencia a todos ellos.
Fuiste ejemplo de trabajo constante.
Dicen que eras buen vecino y que sabías dar consejos.
Ayudaste a tus hermanos,
Tenías noticia de lo que pasaba en el mundo,
formaste tu propia opinión
y amabas a tu pueblo.

Un día saliste a la ciudad
para trabajar con los jesuitas,
medio día, media vida, se te iba en los viajes.
Aprendiste por cuenta propia algunos latines,
te hiciste de algunos libros.

Nombraste con fervor a tu prole:
Francisco Javier, tu primogénito,
nombre de templo jesuita.
Eras en verdad alguien comprometido.

Javier en lengua vasca significa casa
tan buen hijo fue, que te ayudo —dos veces—
a construir la tuya,
donde fuiste velado en obra negra.
Tan buen padre es ahora que se preocupa
por la casa de sus hijos y sus hermanos,
a veces más que por la suya.

Javier, como tú, también tuvo ilusiones: el futbol.
Vagó por el país en ligas de ascenso buscando la suerte,
fracasó y regresó a casa.
Fue de aquellos que levantaron los primeros rascacielos
en la ciudad. Construir: su destino inevitable.

Manuel, si es cierto todo aquello,
quisiera decirte un par de cosas.
Creo que entre tú, padre y yo
pensamos mejor la casa desde lejos.
Porque estamos habituados a las distancias.
La pensamos, sí;
no como un lugar para quedarnos,
sino como un sitio de descanso.
después de un viaje duro, monótono o sin sentido.
Porque lo cierto es que ya casi nada nos ata a esta tierra
ni siquiera esa vaga idea de sangre,
que hemos regado por todos lados.

¿Manuel, quién eres?

¿Cómo interpreto esta película?
¿Fuiste el resignado padre que regresa
siempre exhausto a casa
y con algunos pesos para los suyos?
¿O el viajero anónimo
que sale temprano y sin desayuno,
hambriento de ilusiones e ideas de futuro?

Es verdadero lo que se ha escrito sobre mí,
en un sentido superficial.
Esas apariencias que cuidadosamente
pusieron sobre mi persona
son ciertas: soy yo.

También es cierto que muero
todas las noches de cansancio.
Agonizo lentamente,
y no es por lo mucho o poco
que he trabajado.

Sufro a mi esposa e hijos
y al mismo tiempo
trato de darles todo
lo que está a mi alcance.
Su felicidad es la mía.

Suelo dormir solo y mal.
Acomodado en un colchón roto,
me entierro en los clavos del sueño.
Yo nunca soñé
con ser algo en la vida.

Me importaba solo
la casa de mis hijos.

Lo hice todo por ellos,
mi voluntad y la suya
nacieron del hambre.

Nací para ser otro,
nunca me detuve a pensar
qué en realidad.
Nací para intentarlo.

Hice muchas casas,
pero nunca terminé la mía.

Me fui cuando estaba
a medio construir,
me fui soñando
que cuando estuviera terminada,
ahí crecerían
los hijos de mis hijos:
otras posibilidades
de ser hombre.

Lu cié(r)nagas

Yo tuve amigos, en la Edad Media,
que me enseñaron cómo debe escribirse.
Ellos lo hacían bastante bien.
Pero yo me quemo mucho más cuando escribo.

Gilberto Owen

Nos hicieron creer el cuento de ser solos,
de esperar, frágiles y hediondos,
a que abrieran nuestras alas.

Creímos que volar
entre el fuego nos convertiría
en inmortales criaturas.

Nos creímos el cuento
de que la ceniza
es también vida.

Y ya lo ves, aquí lo tienes:
un concierto de
                    aves incendiadas cantando humo.

Un paisaje de humeantes cuerpos petrificados.

En esta isla brillan más los que hablan la lengua del fuego.
La hablo yo y la hablas tú,
y seguimos nadando con el fuego en las entrañas.
¿Hacia dónde llevamos nuestro incendio?

La isla de fuego que somos,
la isla que incendiamos,
para que los dioses nos miraran desde el cielo.

Y hoy el cielo está muy abierto y calmo,
pero es ciego,
como una hoja en blanco,
como un esqueleto de hospital,
como un poema.

Y esperamos sin esperar
a que el humo se disperse,
y poder seguir así nuestro camino.

Hubo algunos que para resistir
aprendieron el lenguaje del mar,
yo apenas lo estoy dominando.

Miras tu construcción;
cuántas horas has tardado
en levantar este frágil techo.
Escogiste la loma más próxima a la playa
para desde ahí ver cualquier rastro de otros navegantes.
Todos saben que tuviste miedo alguna vez,
todos aquellos que nombraste en la distancia,
todos los que allá lejos se quedaron sin nombre.
Tu casa es de algún modo los nombres de todos ellos.
Tus pocos objetos te recuerdan lo que eres o lo que
            queda de ti.
¿Qué clase de casa es esta? No es un refugio no.
Las tormentas llegan:
se oyen crecer los ríos.
Te preparas para destruirla;
llevar solo lo indispensable
y recomenzar en otro sitio.
Las dudas son un lodo espeso
del que es difícil salir.

El presente del náufrago A
destruye su pasado —feliz y calmo—,
lo vuelve un tronco viejo,
flotando a la orilla del mar.
Las olas terminarán por dispersarlo
en pequeñas astillas.

Al náufrago B, la soledad
lo empuja a construir
refugio, barreras, armas
y una especie de cama,
lo más cómoda posible
donde pueda olvidar.
El sueño le da fuerza.

El náufrago C construye con palabras,
u otra cosa que tenga a la mano,
otra clase de refugio,
que albergue eso que tiene en la cabeza
y que no deja de molestarlo:

una especie de molusco sangrante,
instalado en la parte trasera de su cráneo,
que lo hace dibujar los límites de la ausencia:
un océano en el que a diario
corre el riesgo de morir ahogado.

Se duplica el mar
al llover
no distingues
abajo ni arriba
las olas llueven
a los cielos con
sus crestas
sus barbas
de dios viejo
herido
vengándose
a gritos
alaridos
de sal
cociendo
la boca
del cielo
y el cielo
una boca
queriendo engullir
lo que no puede
es un rostro
llorando su sed
de ser mar
sed de amar
un rostro
haciéndose
mar embravecido
de tanto mirarlo.

Escollos

1.

> Gonzalo Guerrero le respondío: "Hermano Aguilar, yo soy casado y tengo tres hijos, y tiénenme por cacique y capitán cuando hay guerras. Id vos con Dios, que yo tengo labrada la cara y horadadas las orejas…
>
> Bernal Díaz del Castillo

Soñose piedra
Soñose voz
Soñose bosque
Sin dueño
Sin voz
Que nombrara ríos
Soñose río
Que llama
A los señores
Soñose piedra con voz
Soñose señor con voz
Que llama a los señores a los bosques y a los ríos
Soñose señor constructor
De templos fríos
Soñose voz en el bosque
De su señorío
Soñose bosque del señor
Soñose voz del señor del bosque

Soñose señor de los templos
Soñose voz de los templos
De piedra de los ríos fríos
Sin árboles ni bosques
Ni ríos de ensueño
Del sueño del señor sin templos
Soñose voz que sueña su bosque
Sus ríos sus templos sus ídolos su vocerío

Voz Río soñando
Vocerío sonando
Rosales de toses
Piedras ríos árboles ríos fríos
De sol
Sueños de piedra
Sin soles
Fríos
Baños de realidad en el río
Desecado de sueños
De bosques
De aves
De ríos
De vocerios

Ahogado en su riomar
(rumiar)
De sí
En el maresierto de las voces que ya no oye
Pero intenta escuchar
(rumiar)

2.

Los que ríen
los que abren sus bocas riendo
los que queman su sonrisa abriendo sus bocas
los de quemadas bocas sonriendo
los que quemados siguen sonriendo
los que gimen haciendo del dolor
una mueca sonriente
los que se ríen de su gemido y su dolor
y así quemándose
gimen sonriendo con sus quemadas bocas
los que sufren su boca quemada
sin saber qué
qué agua qué
saber apagaría su incendio
los que ríen de su sarta ardiente de temor
los que hoy ni nunca hablarán
de la semilla de su dolor
que brota en la quemazón de su sonrisa
porque sonreír nunca fue en vano
ni un error
error fue no sonreír
cuando no había otra alternativa.

3.

Se cree que el extranjero siembra malos espíritus en la
      tierra
se canta contra los malos espíritus que invaden la tierra
se oyen cantos de mujeres que hablan de hombres
      extranjeros de otras tierras
se oyen cantos de hombres que hablan de mujeres
      extranjeras de otras tierras

se oyen cantos de extranjeros que cantan para sí mismos
los cantos de hombres los cantos de mujeres de otras
      tierras

se oyen los cantos extranjeros repetirse una y otra vez
hablando de hombres y mujeres de otras tierras
cantando la canción de la tierra extranjera
la canción de los hombres y mujeres
que aprendieron remedando a los hombres y mujeres de
      otras tierras

la canción que imita las voces
de los otros que imitan la voz de otros imitadores

pero fueron las canciones las que inventaron
a los extranjeros a los hombres y a las mujeres
pero fue en las canciones
donde los hombres y las mujeres
hablaron de la tierra

la tierra canta canciones
de los extranjeros
en su propia tierra
cantan
los hombres canciones
para no ser
extranjeros en su tierra

los hombres cantan
imitando la extranjería
de otros hombres en la tierra

la tierra dice en los cantos
que la extranjería de los hombres
está en su propia tierra

el extranjero canta canciones
de extranjería para los extranjeros de la tierra

la tierra no extraña a los extranjeros
los extranjeros extrañan a la tierra

hay hombres que no hablan de extranjeros en los cantos
        de su tierra
hay hombres que hablan de extranjeros en los cantos de
        su tierra
pero cuando los extranjeros hablan en sus cantos de la
                                tierra extranjera
la tierra escucha a los hombres sin tierra

4.

No Direction Home

Una y otra vez / sin ir demasiado lejos / ver la salida / los muros / de la casa inundada / caminar sobre un pensamiento / dejarse guiar por él / sin ir demasiado lejos / y escuchar tu nombre una y otra vez / entre los muros del pensamiento de la casa inundada / sin recordar / el porqué y el para qué / pensando / pero sin ir demasiado lejos / ¿era una voz la que sonaba? / una voz sin palabras / como pasos a oscuras en una casa inhabitable / una mano abre una puerta que no conoces / otra cierra una ventana / una más descuelga cuadros / los destroza / una y otra vez / porque la casa guarda trampas / buscar la salida de la puerta sin muros / buscar la llave para cerrar un pensamiento / que una y otra vez / entra como intruso / lloviendo / haciéndose añicos / golpeando la puerta del umbral sin puertas / dentro del umbral de las puertas sin muros / sin salida / sin fin / una y otra vez /caminar sobre el pensamiento de la mañana / sin ir demasiado lejos / y romperlo después / porque nadie vive ahí / en esa sombra sin muros / que oculta secretos que cualquiera puede ver / una y otra vez / endulzar el pan del desayuno / con el lodo del pasado / sin ir demasiado lejos / esta noche / otra casa inundada / hundiéndose en el pensamiento que nunca va demasiado lejos / ahí voces que nadie escucha / ahí personas que nadie ha visto / esta noche abrir la puerta de la casa sin muros / esta noche cruzar el umbral / esta noche salir de la casa inundada / esta noche huir / esta noche reír / una y otra vez /sin ir demasiado lejos

5.

Los que erramos
los que creemos en el errar
los que corrigen su errar
los que creen en la corrección
los que al corregirse vuelven a errar
los que corrigen su creer
los que crean su errar
los que crean su creer
los que crean
el errar creyendo
los que creen en el
error creado para ser corregido
los que solo creen
en el error y en la corrección
los que creen solo en la corrección
los incorregibles
que creen en el crear
y los que creen
sin corregir
sin crear
sin creer errar
los que crean el error
los que creen en el error
los errantes incorregibles
que corrigen el error creado
los que creen que crear crea el creer
los que creen que errar es una manera de creer
los que errantes crean su creer y su errar
los que creen en su crear
sea o no sea una forma de errar.

6.

Lo que

        se dice sin poder decir

Lo que

        sin decir se dice

Y lo que

        diciendo no se dice

Lo que

        se hace sin decir

Lo que

        se dice sin hacer

Y lo que

        se hace diciendo

Lo que

        se calla diciendo

Lo que

        se dice por callar

Y lo que

        se calla por decir

Lo que

se dice sin entender

Lo que

se entiende y no se dice

Lo que

se entiende diciendo

Y lo que

se dice entendiendo

Lo que

se escribe sin conocer

Lo que

se conoce y no se escribe

Lo que

se conoce escribiendo

Lo que

se escribe conociendo

Y lo que

ni escribiendo se podrá conocer

Lo que

      se sueña escribir

Lo que

      se escribe soñando

Lo que

      ni soñando se podrá escribir

Y lo que

      ni escribiendo se podrá soñar

Lo que

      se descubre diciendo

Lo que

      sin descubrir se dice

Y lo que

      no se puede ni descubrir ni decir

Lo que

      se encubre diciendo

Lo que

      se dice encubriendo

Y lo que

      no se puede encubrir ni decir

Lo que

      no se agota diciendo

Lo que

      se agota diciendo

      lo agotado del decir

      lo inagotable del decir

      el decir agotado

      el decir del decidir

      el no decir lo decidido

      el decidir sin decir

      el decir sin decidir

      el huir del decir

      el decir del huir

      el decir que huye

      el huir qué dice?

      (el oír qué dice?)

el huir sin decir

(el oír sin decir)

el decir sin huir

(el decir sin oír)

el ni poder huir ni poder decir

(el ni poder oír ni poder decir)

Lo que

         no se quiere decir

y lo que

         sin querer se dice

Lo que

         se juega al decir

Lo que

         se dice jugando

Y lo que

         ni en juego se dice

Derivaciones

1.

Mientras pienso lo que digo,
he visto otra isla hundirse
y otro sol declinando.

Mientras escribo la carta,
para que sepas
de mi ausencia,
tu ausencia escribe una carta
para oír mis palabras
que no vuelven ni parten
hacia ninguna dirección.

Mientras tú naufragas tan lejos,
entre países exóticos,
y aeropuertos grises,
donde sirven mala comida.
Yo naufrago en palabras,
para pronunciar tu nombre nuevo
sin siempres coronado,
nuevo nombre oculto.

Y porque aún no amanece
aquí en esta isla,
debo seguir aventando palabras al fuego,
hasta que llegues de tus naufragios,
y yo de los míos.

2.

La Isla de los Caníbales
es un lugar paradisiaco.
Ahí los reyes son ciegos,
y su trono está dispuesto
para dar la espalda a la gleba.

Estos caciques son de buen oído
—al menos eso se cree—;
de hecho, se podría decir que gobierna
el que mejor escucha.

Desde hace algunos años,
los lamentos de los sacrificados han ido en aumento.
El rey y su corte, también ciega, lo saben perfectamente;
sus oídos son tan agudos —se dice—
que son capaces de distinguir los alaridos
según el tipo de ralea de las víctimas.

Pero el pueblo está inconforme porque cada vez hay más
          sacrificios,
y algunas zonas de la isla han empezado a despoblarse,
por miedo y hambre.
El rey y su corte creen que estas matanzas
ayudan a mantener el hambre a raya
e impedir las sublevaciones.

Por eso estos caníbales empiezan a preocuparse,
porque los jefes comen de la misma carne que ellos,
pero no son capaces de ver el cementerio

en que se ha convertido la isla.
Los jefes comen mucho —son venerados por su
      insaciabilidad—,
ellos procuran alimentar lo mejor posible a sus súbditos,
y si escuchan muchos llantos
mueven la cabeza pomposamente en señal de compasión.

Algunos inconformes creen que esa casta de reyes ciegos
      debe acabar;
han planeado rebeliones.
Pero los reyes todo escuchan,
siempre están alerta.

Otros ensayan un nuevo lenguaje,
un lenguaje de señas
imposible de descifrar para los gobernantes.
Pero es difícil ponerse de acuerdo.

Otros creen que un cambio dentro de la corte bastaría.
Suplir a los viejos ciegos, por otros que aún pueden ver.
Pero los sabios creen que esto no resolverá el problema.

Otros más empiezan a imitar las voces de los sacrificados,
para aturdir los oídos de los jerarcas.
Pero ellos no comprenden esta maniobra,
e incluso, entre la población,
esta práctica parece ser un nuevo entretenimiento.

Y hay otros que agitan los huesos de las víctimas
y los arrojan contra el trono ensangrentado,
haciendo una especie de música de las masacres.

Entonces los reyes comprenden que algo va mal,
porque no es la música a la que están acostumbrados.
Y mandan barrer sus altares
para decir un discurso solemne.

Llueve fuerte en la selva,
últimamente la isla ha sufrido mal tiempo.
Hay muchas inundaciones,
los caminos se han vuelto intransitables.
Pero los nativos persisten en su huida,
porque saben que eso no distrae
los rituales de sacrificio.

3.

No hay límite ni principio
en realidad no los conocemos
son ideas que se hace uno
cuando las provisiones se han acabado
el único límite verdadero está en las puertas de la casa
en los umbrales que debe uno cruzar
para despedirse de los suyos
pero siempre está uno dentro
del humoso
umbral de no olvidarlos
no hay límite
no hay principio
hay líneas imaginarias
—coordenadas—
de un lado está la memoria
del otro el olvido
ambos son lo mismo
habitan hablan sin división
como mares que solo se oyen
cuando golpean la playa
como las manchas de este mango —el último—
como las manchas de sol en tu rostro envejecido

4.

Muchos anhelan
ser aventureros de ultramar,
robinsones, sindbades, marco polos
corteses, pizarros, almagros,
cabezas de vaca, colones
y hasta pedros serrano.

Muchos quieren
ese cuerpo,
esa memoria
de hazañas.

Para unos la desmesura de su empresa
es la conquista de nuevos territorios
para otros salir de su naufragio.

Yo, el que observa viejo
desde su sillón viejo
su ciudad vieja,
nunca fui marinero,
pero veo arder conmigo millones de islas
entre el smog, la cólera y la miseria.

Hay casas que no son casas
sino apenas refugios contra el trueno:
nuevas construcciones destruyéndose
y generaciones como ellas,
naciendo de entre la muerte de sus hermanos.

Hablamos por la muerte de los que viven
del puro recuerdo,
de los sindbades que en sus siete viajes
se volvieron ricos en miseria.
Las águilas devorando los hígados de los padres,
      —prometeos—
vueltos a crecer apenas para celebrar,
con toda la impotencia que otorgan los malos tiempos,
las bodas del hijo último.
Y no es esta la palabra del confinado,
ni la palabra que amonesta,
escupiendo la sangre de los suyos,
no son más que palabras,
naufragando en su propia tierra.
La isla de las playas de osamentas,
de los patios de pedernales rotos,
cuchillos que aumentan su filo
mientras mayor es su uso.

Son estas palabras donde no hay otra cosa qué decir,
salvo el deseo de regresar a casa y descansar un poco
salvo el deseo de tener una casa,
levantarla,
hacerla habitable,
con sus propias manos
como el náufrago.

Apócrifo robinsoniano

Las ciudades nos crean nuestro propio vacío;
viajar fue la manera que aprendimos a no hundirnos en él.

Casa sin puertas ni ventanas

El tedio es un paño cálido y gris forrado por
dentro con la seda más ardiente y coloreada.
En este paño nos envolvemos al soñar. En los
arabescos de su forro nos encontramos enton-
ces en casa. Pero el durmiente tiene bajo todo
ello una apariencia gris y aburrida. Y cuando
luego despierta y quiere contar lo que soñó,
apenas consigue comunicar este aburrimiento.
Pues ¿quién podría volver hacia fuera, de un
golpe, el forro del tiempo? Y sin embargo, con-
tar sueños no quiere decir otra cosa.

W. BENJAMIN

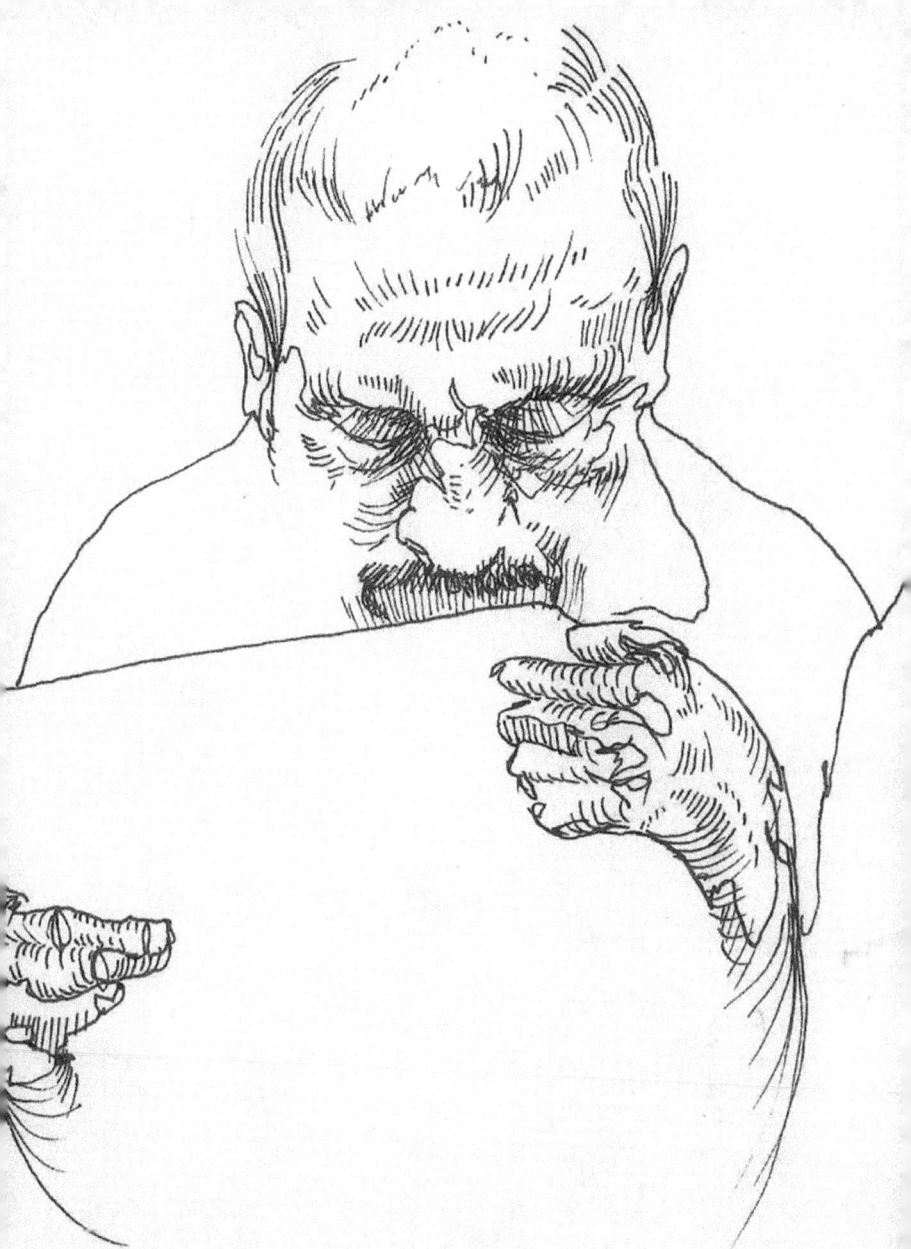

CUÁNTAS VECES DEBE REPETIRSE UN SUEÑO PARA QUE ESTE SEA UNA EXTENSIÓN DEL SOÑADOR, CUÁNTO TIEMPO DEBE PERSISTIR UN SUEÑO EN LA MEMORIA PARA MODIFICAR LA CONDUCTA DEL SOÑADOR, CUÁNTAS VECES HAY QUE ESCRIBIR EL SUEÑO Y SUS VERSIONES PARA QUE TENGA UNA REALIDAD DISTINTA A LA MEMORIA SORDA Y SOLA DEL SOÑADOR, CUÁNTAS VECES SE FALSEA UN SUEÑO AL ESCRIBIRLO, CUÁNTOS SUEÑOS SON VUELTOS A SOÑAR AL TRATAR DE ESCRIBIRLOS, CUÁNTAS VECES SE FALSEA EL SUEÑO ORIGINAL CON SOLO RECORDARLO, CUÁNTAS SUEÑOS DEPENDEN DE LAS PALABRAS PARA VOLVERSE REALES, CUÁNTAS PALABRAS SE NECESITAN PARA ENCARNAR EL SUEÑO, CUÁNTAS PALABRAS SE NECESITAN PARA SALIR DEL SUEÑO QUE SE VOLVIÓ REAL, CUÁNTAS VECES SE DEBE CONTAR UN SUEÑO PARA CONVERTIRLO EN SU OPUESTO, CUÁNTAS PALABRAS PARA QUE EL DURMIENTE INVIERTA SUS PESADILLAS EN OTRA CLASE DE SUEÑOS.

Versión 1 (acceso)

Hay una casa a la que entro cada noche cruzando el mismo umbral sin puerta. Es una vieja construcción que la humedad ha derruido. Humedad y olvido son dos parientes extraños. Al llegar ahí, con la intención de recorrer hasta el último cuarto, tengo la sensación de ser un juez extranjero al que no le corresponde condenar semejante abandono. La casa algunas veces tiene el piso mojado como si hubiese llovido dentro. La casa habla desde sus paredes agrietadas. La casa no quiere visitantes, dice. La casa no es habitable; lo supe desde el primer día. Pero hay juguetes y sillones viejos, periódicos usados, libros de páginas ilegibles, una estufa salpicada de grasa y velas sin usar en una recámara. Vengo todas las noches para evitar el frío. Vengo todas las noches porque no hay otro lugar donde ir. Y la casa grita, porque sabe que vendré, porque sabe que no tengo a qué venir. Y yo sé que no debo, pero sé también que solo por mí esas ruinas se mantienen en pie.

Confesiones

No necesitamos de mucho tiempo para empezar a hablar de cosas absurdas e irreales. Me contaste una vez que un niño vivía en los techos de tu casa vecina y que lo oías caminar y reír. Un día saliste a verlo para decirle que bajará de ahí, que los zanates le comerían los ojos y que se acercaba el invierno y podía enfermar.

Yo te conté de una vieja y árida montaña, con una antigua ciudad esculpida en su piedra roja, donde yo caminaba tratando de encontrarte, pero no hacía más que retroceder y la ciudad de pronto reverdecía. El tiempo corría inverso, las calles latían nuevamente, y sobre todo aquello mis palabras no servían de mucho.

Nos contamos nuestros sueños creyendo ingenuamente que nos acercaban más el uno a otro; era otra manera de acariciarnos, por más que mintiéramos o exageráramos. Porque de algún modo sabíamos que había algo que nuestras palabras no decían, algo extraviado e incomprensible que ya no estaba aquí entre nosotros.

Hablábamos con nuestro doble en lenguas incomprensibles, volábamos, vivíamos en casas bajo el agua, descubríamos monstruos marinos, salíamos al espacio, veíamos a nuestros antepasados muertos.

Y todo ello era expectación y ansia de saber cómo trabajaba nuestra imaginación. Nos defraudamos, aceptamos que nuestras palabras están habitadas por fantasmas todo el tiempo y que no hay nada más allá de estas historias sino el simple deseo de sonar misteriosos y extravagantes.

Porque lo cierto es que no creemos en fantasmas, pero sí en extrañas coincidencias: tú y yo hablando de muertos solo por no dejar de hablar, porque el silencio a veces es tan insoportable que te confundes con uno de ellos.

Eras un pez

tu cuerpo desnudo flotaba
sobre un rojo sillón
que oscurecido y egoísta
te rodeaba como ocultando
tu tenue figura de vertebrado altivo
creatura que conoce solo
el brillo de su piel y el movimiento
de sus brazos extendidos
sus piernas derramándose como cera
una llama dirías
una creatura acuática que flamea
en el sillón ebrio y egoísta
oscureciendo su mínimo tesoro

un rostro de playa atardecida
unos ojos que poseen el agua
que su boca ansiaba
un pez danzante que flamea en su isla
un pez danzante que en su baile lanza
un fuego de playa recién llovida
y el sillón su nicho:
el altar en que se eriza
el que supo su verdad de creatura acuática
humeante en su hoguera sola
y que no volverá
a quemarse en su caricia

Versión 2 (nuestra casa)

caminábamos por veredas
de un cerro conocido
en el que debíamos elegir
el espacio de nuestro nuevo hogar
era un lugar vasto
con muchos edificios a medio construir
tú ibas de un lado a otro
mirando cada fachada
midiendo su altura y sus detalles
pero yo insistía en comprar solo el terreno
y levantar piedra por piedra

nos alejamos de la zona
y descubrimos que detrás del cerro
donde aún había plantas y aves silvestres
se levantaba una casa sin puertas ni ventanas
de construcción sólida y sencilla
a la que entraba luz por todos sus rincones
y creímos que nuestro hogar debía ser aquel sitio
donde también se alzaba
un fresno repleto de tordos
enormes y pesados
como negras y sucias calabazas
que agitaban graznando
todos los rincones del árbol

Yo debía expulsar esas aves
y en cuanto me acerqué
sus ojos negros se enfocaron
atentos hacia mí
y cuanto más próximo estaba
mayor era la furia
de los vuelos y los graznidos

Siameses

Me contaste que recordabas pocos sueños. De los que narraste yo recuerdo solo uno: estabas durmiendo en tu cama y tú misma te veías durmiendo. El sueño del doble. Ambas proyecciones eras tú. Un espejo llamándote ahora, recordando lo que tus palabras me llegaron a causar, la posibilidad de mirarse a sí mismo, la posibilidad de salir de uno mismo, la posibilidad de observar de lejos el cuerpo que es uno. ¿Te mirabas? ¿Qué posición tenías, la dormida, la despierta, la que miraba desde lejos a ambas, como si fuera una cámara registrando el hurto de un banco o el fantasma de ocasión?

Mi memoria no alcanza para repetir las palabras exactas de tu sueño, tu sueño es una proyección de mi memoria. Una huella donde pisaste hondo. Mi memoria es el doble de las palabras que no alcanzo a recordar. Olvidé lo que dije esa tarde, olvidé qué sueños te conté, salvo uno, el de la casa a punto de colapsar.

Sueño sin comprender

la cara del futuro
que imaginas
cómo quieres ser
cómo debería ser
según tu sueño
la casa nuestra
tu dificultad de mirar
mi dificultad de respirar
más allá de tus brazos
de tus dedos moviendo
una pluma, una cuchara, un vaso
o tecleando signos
que son como tú
tan reales e incomprensibles
tan de pronto gastados
los mismos lugares donde caen los dedos:
nuestros cuerpos:
teclados que se van desgastando a cada golpe
a cada imagen que tratas de formar
frente a la pantalla donde miras
un narciso de una sola lengua
y de 100 mil aspectos
un proteo que sueña apenas
cómo gobernar su pulso
y hacerse habitables los días
en esa casa

tu respiración
es cansada y seca respiración
de otro animal donde estás encerrado

como si algo se hubiera quemado dentro
como si alguien se hubiese dormido
sin apagar su cigarro
como si alguien lleno de ira
hubiese premeditado su propio incendio
que trata de apagar cuanto más insoportable
y doloroso es
pero que nunca se deja extinguir por completo
pues cree que esa es la forma de mantenerse vivo

una llama ardiendo para verse a sí misma
sin perderse en la oscuridad
¿es dios? no es dios
son favilas que danzan con el aire
que te respira
que ves muy lejos ascender
con ese aire que te hace falta respirar
porque estás dentro
y no puedes salir de aquella
casa sin puertas ni ventanas
y el humo ha entrado durante horas
a tus pulmones
y te has intoxicado
de las palabras que te hicieron arder
estatua de ceniza
ardiente crisálida
tótem

consumido por un tramado incendio
que está fuera de tu comprensión
porque alguien más lo ocasionó
y se quema contigo el árbol
donde colgaban tus alas
los hombres huyen
más adentro hacia la selva
huyendo del fuego incontrolable
se pierden en el monte
se pierden en un tiempo
que los hace otros hombres
y otra clase de sueños
dominará su memoria
otra clase de diluvios y pestes
soñarán y estarás ahí
como uno de los que huye
buscando ser otro tipo de vida
una materia más libre y sencilla
una hermosa cigarra
una lechuza agorera
un zanate un tordo
de hambriento pico
un árbol creciendo entre duras piedras

una mañana distinta donde podrás ver
cómo las cosas te escuchan más
de lo que tú imaginabas

y la casa
limpia, estéril y perfecta seguirá
como la encontraste por vez primera
abierta siempre a un juego espejos
donde solo la luz se refleja

El tiempo estimado para levantar una casa varía según sus dimensiones y la mano de obra dispuesta a la tarea. El primer trabajo es limpiar el espacio de cualquier clase de vida que habite en su superficie. Si el espacio ya fue habitado antes, se debe comprobar la resistencia de los cimientos según los niveles que se alzarán. Hacer cimientos implica cavar profundo un área perfectamente trazada. Los cimientos deben ser de piedras resistentes al peso, algunos recomiendan utilizar piedras de río que son más sólidas que otras. Ayudé a mi padre a poner esas piedras en los cimientos de nuestra casa. Todavía no te conocía. Era un trabajo rudo y de largas horas bajo el sol cavando el tepetate. Cada dos horas tomábamos refresco o agua de sabor bajo un arbusto de cedrón. Mi madre venía después de medio día con comida para todos. Al principio comíamos debajo de un pirú. Todos juntos. Dos o tres hermanos, un albañil, mi padre y ella. Nunca hubo mucho dinero para albañiles. Solo pagaba uno mi padre y él le ayudaba. La casa tardó en construirse mucho tiempo. Más de tres años, con nuestra ayuda intermitente. Yo no estuve en todo el proceso porque odiaba el trabajo físico y porque creía que esa casa no la iba a habitar. Pero era hermosa la idea de que juntos padres y hermanos la construyéramos.

Apenas la casa estaba en pie, yo fui el primero en decidir mudarme a ella. Aún no estaban listas las instalaciones eléctricas y me conformaba con solo un foco que me permitiera alumbrarme en las noches. Me refugiaba en el cuarto más oscuro, cuya ventana eran bolsas de plástico negro que a veces fuertes vientos destruían.

Después llegaste tú. Conocí tu casa pronto; estaban por cambiar el viejo zaguán, la habitación donde dormías no tenía puerta aún. Tu balcón daba a la calle y era muy fresco estar ahí. Y nuestro mundo era ese: dos casas separadas apenas por una cuadra de distancia, la extensión de un país en que todo estaba a medio construir y en el que gobernaba la pasión y la incertidumbre. Ambos eran como insectos que farfullaban una canción inaudible. Nosotros podíamos verlos: eran gusanos muy bellos de lomo coloreado y pelos brillantes, que prometía unas alas hipnóticas.

El dolor de que tu herencia sea solo una huella
imprecisa de tu propia imagen

El dolor de que heredes un rostro
cada vez más impreciso

El dolor como una copia de la copia:
cada vez más impreciso

Ayer te soñé
nos encontrábamos en un tren
íbamos hacia una ciudad fría
estábamos sentados frente a frente
comíamos una ensalada
yo te preguntaba algo inaudible
y tú me mirabas atentamente
después mirabas hacia los rieles
como en señal de que la respuesta fuera obvia

Te confundo en sueños con otra persona
a veces no sé para quién escribo
y me limito a trazar algo semejante
a tu rostro sabiendo que no es el tuyo

porque en los sueños como en la vida real
no se sabe qué se ama
si a la persona
o a la proyección
que vive en la memoria del amante

es extraño decirlo
como si amara más tu reflejo
sabiendo que no estás ahí
y como si el reflejo
fuera solo la traza
de otro rostro
que apenas alcanzamos a imaginar

Una copia de su retrato acomodado en el rincón de un cuarto con temperatura siempre mayor a los 38 grados. Todo arde, todo suda y es inevitable tener alucinaciones. El espejo se mira empañado. En la pared el retrato cubierto de fino polvo blanco. Ambos hablan del tiempo en que las jacarandas caían haciendo una cortina de humo violeta. Y la cama tendida como un turista ebrio y quemado por un sol apocalíptico, escuchando la vana conversación de las bellezas naturales. Pero ninguno en realidad puede ni siquiera enfocar su vista, solo exhalar su propia embriaguez. El cuarto como una metáfora de la cabeza del retrato que se estrella en los bordes de marzo porque ya no puede soportar el calor del trópico. La ventana mirando hacia los árboles, uno de vainas amarillas que le cuelgan como filigrana (lluvia de oro) el otro de hojas verdes que se vuelven rojas (almendro), en los que se posan y hacen nido calandrias y zanates. Debajo niños corriendo y madres tendiendo ropa. El retrato lleno de un valor risible se lanza al vacío de dos metros de profundidad. Cae sobre un chorro de agua que gotea detrás de su pared.

Fuiste un sueño postergado
como una mañana tibia
que ha iniciado
sin ningún resto onírico
sin magia
sin irrealidad

Una mañana
flotando tibia y serena
obligándose a tomar la ducha
y desayunar en pocos minutos
con el tiempo curvándote la espalda

Un día soleado y caluroso
de temores nunca consumados por completo
tiempo de espera e incertidumbre

Un poema que intenté cien veces
y las cien veces terminaba exactamente igual
hablando de cosas incomprensibles
y cruelmente bellas
que solo tú y yo podíamos entender.

Quizá es mentira que haya soñado con nuestra casa. Fue la memoria de otro la que me hizo llegar a esa imagen donde tú caminabas entre edificios a medio construir. Era más bien el mar o un lago de aguas congeladas —llámalo también olvido— ahí donde pisábamos con los pies en puntillas o casi resbalando para evitar hundirnos. Hicimos una larga y fría caminata que concluyó llegando a una orilla de grandes piedras resbalosas, donde había caracoles vivos a los que tratabas de proteger de mis torpes pasos. Y yo apenas podía evitarlo; no era un problema de visión, era un problema de equilibrio.

Después cada uno buscó su camino. No había casas ni luces; apenas una colina azul. Al cruzarla nos perdimos.

De pie ante su escombro
miro los años de su vida
los pilares rotos
las fachadas ensombrecidas
un arbusto ha crecido dentro
sus ramas se extienden
como los nervios o las venas
que circundan los músculos
de un animal próximo a formarse

Quizá crezca tan alto
que rompa el techo
o los muros que dividen las habitaciones

Y cuando haya llegado a su límite
el arbusto será madera muerta entre escombros
y otros árboles jóvenes la mirarán desde abajo
y la casa tu casa
será un punto ciego
un espacio en blanco
donde alguna vez
una familia consumió su tiempo
tratándose de amar
un tiempo en que las palabras
ya no se hacían entender.

Hay sueños que son como campos de batalla contra el aniquilamiento de los días.

Despiertas con la fiebre de una pesadilla y todas tus palabras se gastan en nombrarla de todos los modos posibles, hasta volverla irreconocible y ridícula, hasta convertir su fuego en cenizas, hasta que sus cenizas sean abono para la tierra o hasta que la lluvia se lleve todo hacia los ríos y entonces todo el dolor y la crueldad que entendiste por vida se vuelven solo el momento en que un pedazo de ti —nunca sabrás cuál— se ha ido lejos para alimentar los torrentes de otros cauces.

El miedo se supera contando sueños. Se anulan los fantasmas al invocarlos en la letra y decirles que son solo simples palabras que se quedan colgadas en una página que es memoria y olvido al mismo tiempo.

Los sueños perduran en el cuerpo. Tan materiales como la sangre que se renueva y circula en tu cuerpo.

Reconstruir las venas dañadas, los vasos rotos para decir:

> despierto en mí,
> en mi lecho erizado,
> en mi semilla abierta.

Acerca del autor

Erik González Martínez (Tepotzotlán, México, 1988) egresó de la Facultad de Filosofía y Letras de la UNAM y posteriormente realizó una maestría en Literatura Hispanoamericana en la Benemérita Universidad Autónoma de Puebla. Su área de estudio es la poesía hispanoamericana de la primera mitad del siglo XX. En 2018 realizó una estancia de investigación en la Universidad Nacional de Colombia para indagar sobre los vínculos entre el poeta mexicano Gilberto Owen y el colombiano León de Greiff. Poemas suyos y artículos de investigación se han publicado en revistas y libros de México y el extranjero. Es miembro del Colectivo *Vaquero Rocanrolero*, un fanzine de poesía e ilustración que reúne colaboraciones de poetas y artistas de Colombia, Francia y México. *Memoria de los hombres isla* es su primer poemario.

ÍNDICE

En la isla llamada Algún Día Llegarás

Casa sin puertas ni ventanas

Memoria de los hombres isla, de Erik González Martínez, se terminó de imprimir en septiembre de 2020, en Ciudad de México. El cuidado de la edición estuvo a cargo de Francisco Tejo y el autor.